BEI GRIN MACHT SICH IHR
WISSEN BEZAHLT

- Wir veröffentlichen Ihre Hausarbeit,
  Bachelor- und Masterarbeit

- Ihr eigenes eBook und Buch -
  weltweit in allen wichtigen Shops

- Verdienen Sie an jedem Verkauf

Jetzt bei www.GRIN.com hochladen
und kostenlos publizieren

Emotionale Intelligenz, soziale Unterstützung und das Persönlichkeitsmerkmal Ängstlichkeit

Grundlagen der Persönlichkeitspsychologie

Niclas Gallwitz

Bibliografische Information der Deutschen Nationalbibliothek:

Die Deutsche Nationalbibliothek verzeichnet diese Publikation in der Deutschen Nationalbibliografie; detaillierte bibliografische Daten sind im Internet über http://dnb.d-nb.de abrufbar.

ISBN: 9783346424532
Dieses Buch ist auch als E-Book erhältlich.

SRH Fernhochschule – The Mobile University

Studiengang Psychologie B.Sc.

Modul: Persönlichkeitspsychologie

Emotionale Intelligenz, Soziale Unterstützung und das Persönlichkeitsmerkmal Ängstlichkeit

Einsendeaufgabe - Alternative C

Niclas Gallwitz

Inhaltsverzeichnis

Abkürzungsverzeichnis

Abb.	Abbildung
Aufl.	Auflage
bspw.	beispielsweise
bzw.	beziehungsweise
etc.	und die übrigen [Dinge] (lat.: et cetera)
Hrsg.	Herausgeber
lat.	Lateinisch
o.O.	ohne Ortsangabe
S.	Seite(n)
Vgl.	vergleiche
vs.	gegen / im Vergleich zu (lat.: versus)
z.B.	zum Beispiel

Abbildungsverzeichnis

1   Emotionale Intelligenz

Im Unterkapitel **1.1** wird zunächst der Begriff der emotionalen Intelligenz erläutert und vom klassischen Intelligenzbegriff abgegrenzt. Im Unterkapitel **1.2** wird dann das emotional-soziale Intelligenzmodell von Bar-On ausführlicher dargestellt. Abschließend wird in **1.3** darauf eingegangen, inwiefern emotionale Intelligenz ein gesundheitsrelevanter Faktor sein könnte.

1.1   Begriff der emotionalen Intelligenz vs. klassischer Intelligenzbegriff

Im Allgemeinen kann emotionale Intelligenz als das Erkennen und Begreifen von Empfindungen beschrieben werden.[1] Emotionale Intelligenz ist die Fähigkeit, das Verhalten von Menschen zu verstehen und in zwischenmenschlichen Beziehungen entsprechend zu handeln.[2] Eine erste Definition liefern Peter Salovey und John Mayer im Jahre 1990. Emotionen beschreiben sie als Gefühle, die aus psychologischen Reaktionen folgen. Intelligenz definieren sie als Fähigkeit, sich reflexiv mit Informationen auseinanderzusetzen und aus diesen Überlegungen Konsequenzen zu ziehen.[3] Emotionale Intelligenz ist nach Salovey und Mayer die Fähigkeit, die Bedeutung von Emotionen und ihre Beziehungen zu erkennen, und auf ihrer Grundlage zu argumentieren und Probleme zu lösen. Sie ist daran beteiligt, Emotionen wahrzunehmen und emotionsbezogene Gefühle entsprechend anzupassen.[4] Auch Daniel Goleman (2000) beschreibt emotionale Intelligenz als Identifikation und Verstehen von emotionalen Zuständen. Dabei geht es neben der Beurteilung von Emotionen anderer Menschen aber auch um die Selbstwahrnehmung, und um den Umgang und das Kontrollieren der eigenen Emotionen.[5]

Im klassischen Sinne ist Intelligenz, laut Definition per Duden, die „geistige Fähigkeit, [...], durch Denken zu Erkenntnissen zu gelangen". Des Weiteren wird Intelligenz als „Schicht der Personen, die wissenschaftlich gebildet sind; [...]"

---

[1] Vgl. Veil (2010), S. 45
[2] Thorndike & Edward, zitiert nach Zehetner (2019), S. 47
[3] Maltby, zitiert nach Becker (2014), S. 112
[4] Salovey, Brackett & Mayer, zitiert nach Zehetner (2019), S. 47
[5] Maltby, zitiert nach Becker (2014), S. 113

definiert.[6] Intelligenz ist die kognitive Leistungsfähigkeit des Menschen und zählt zu den Persönlichkeitseigenschaften.[7] Es geht dabei um das Erkenntnisvermögen und die Handlungsfähigkeit eines Einzelnen.[8] Am häufigsten werden höherstufige Verarbeitungskomponente, wie logisches Schlussfolgern oder Problemlösen, und elementare Verarbeitungsprozesse, wie Wahrnehmung, Empfinden und Aufmerksamkeit, mit Intelligenz gleichgesetzt.[9] Francis Galton (1822 – 1911) beschäftigt sich erstmals mit einer direkten Messung von Intelligenz. Seine Indikatoren für intellektuelle Fähigkeiten sind Reaktionszeit, Seh- und Hörvermögen, Farbdiskriminationsleistung und Körperkraft. Eine Vererbung überlegener Fähigkeiten führt laut Galton zu höherer Intelligenz.[10] Alfred Binet entwickelt 1904 ein Verfahren zur Diagnose von Minderbegabung. Wenig später entwickelt er eine erste Form eines Intelligenztests. In diesem wird Intelligenz durch den Vergleich von Kindern mit alterstypischen Leistungen in der Schule gemessen. 1912 greift Stern die Ansätze Binets auf und entwickelt einen aussagekräftigen Intelligenzquotienten, indem er das Intelligenzalter durch das Lebensalter teilt.[11] Der heutige IQ-Test, wie wir ihn kennen, ist durch die Verteilungseigenschaften von Intelligenzwerten bestimmt. Der Inhalt ist dabei unabhängig vom Test selbst. Für jede Aufgabe im Test gibt es unterschiedliche Punkte. Die Punkte der einzelnen Aufgaben werden summiert und der daraus folgende Wert wird mit der Verteilung der entsprechenden Altersgruppe verglichen.[12]

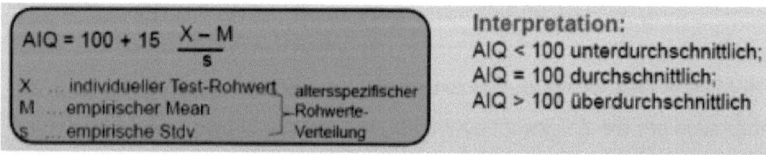

Abbildung 1: Formel IQ-Test (Quelle: https://www.cobocards.com/pool/de/card/43k140213/online-karteikarten-was-ist-der-abweichungs-iq-wie-wird-dieser-berechnet-/)

---

[6] Vgl. Bünting (1996), S. 572
[7] Vgl. Becker (2014), S. 89
[8] Kuckhermann, Nitsche & Müller, zitiert nach Veil (2010), S. 10
[9] Vgl. Funke & Vaterrodt (2004), S. 10
[10] Gould, zitiert nach Becker (2014), S. 89
[11] Asendorpf & Neyer, zitiert nach Becker (2014), S. 90
[12] Dorsch, zitiert nach Becker (2014), S. 90-91

1.2 Das emotional-soziale Intelligenzmodell nach Bar-On

Modelle der emotionalen Intelligenz können im Prinzip in zwei Kategorien ein-geordnet werden. Die Kategorie der Ability-Modelle betrachtet emotionale Intel-ligenz als eine Fähigkeit, die sich mithilfe von Leistungstests messen lässt. Ver-treter dieses Modelles sind Salovey und Mayer. Mixed-Modelle hingegen be-trachten emotionale Intelligenz als Kombination von Persönlichkeitsmerkmalen. Diese können durch Selbsteinschätzung gemessen werden. Vertreter dieses Ansatzes ist der israelische Psychologe Reuven Bar-On.[13] Bar-On definiert emotionale Intelligenz als eine Reihe nichtkognitiver Fähigkeiten, Kompetenzen und Fertigkeiten, die den Umgang mit Umweltanforderungen und -belastungen beeinflussen.[14] 2005 entwickelt Bar-On ein emotional-soziales Intelligenzmo-dell, das er in fünf Domänen einteilt, die unterschiedliche Fähigkeiten aufwei-sen. In der intrapersonellen Intelligenz geht es darum, eigene Emotionen zu erkennen, sie zu verstehen und diese auszudrücken. Dies spiegelt sich in den Aspekten der emotionalen Selbstwahrnehmung, der Bestimmtheit, der Selbst-achtung, der Selbstaktualisierung und der Unabhängigkeit wieder. In der inter-personellen Intelligenz geht es um das Erkennen von Emotionen anderer, diese zu verstehen und Beziehungen zu ihnen herzustellen. Diese Fähigkeiten kom-men vor allem in interpersonellen Beziehungen, durch soziales Verantwor-tungsbewusstsein und Empathie zum Ausdruck. Eine weitere Domäne ist die Anpassungsfähigkeit. Dabei geht es darum, die Emotionen zu kontrollieren und mit ihnen umzugehen. Diese Fähigkeiten hängen mit den Aspekten des sozia-len Problemlösen, der Realitätsprüfung und der Flexibilität zusammen. Stress-management ist eine weitere Domäne, in der die Fähigkeiten, mit persönlichen und interpersonellen Problemen umzugehen, diese zu verändern, sich an sie anzupassen und sie zu lösen, im Vordergrund stehen. Dabei sind Stresstole-ranz und Impulskontrolle Aspekte dieser Fähigkeiten. Die letzte Domäne ist die die Stimmungslage. Darin geht es vor allem um die Generierung angenehmer und motivierender Gefühle, welche sich in den Aspekten des Glücklich sein und des Optimismus wiederspiegeln. Nach Bar-On ermöglicht Intelligenz dem Men-schen, mit den Anforderungen und Belastungen seiner Umwelt erfolgreich um-

---

[13] Vgl. Fischer (2020)
[14] Vgl. Bar-On (1997), S. 14

zugehen. Ein emotional-soziales intelligentes Verhalten sorgt für eine effektive Anpassung an die Umwelt.[15]

Zudem entwickelt Bar-On ein Testverfahren zum Messen emotionaler Intelligenz. Der sogenannte emotionale Quotient (EQ-i) stellt dabei eine Parallele zum Intelligenzquotienten (IQ) dar. Das Testverfahren basiert auf dem oben beschriebenen Modell und seinen emotionalen und sozialen Fähigkeiten.[16] Der EQ-i ist ein Selbstberichtsmaß für emotional und sozial intelligentes Verhalten und liefert eine Schätzung der emotional-sozialen Intelligenz. Das Testverfahren enthält 133 Elemente in Form von kurzen Sätzen und wird in einer Skala von „sehr selten oder nicht wahr" bis „sehr oft oder wahr" beantwortet. Die Antworten ergeben eine Gesamtpunktzahl, welche anschließend anhand der fünf Domänen bewertet wird. Je höher die erreichte Punktzahl ist, desto positiver ist die Vorhersage für die Wirksamkeit und das Funktionieren bei der Erfüllung von täglichen Anforderungen und Herausforderungen. Auf der anderen Seite sagt ein niedriger EQ-Wert eine Unfähigkeit aus, effektiv zu sein und deutet auf die mögliche Existenz von emotionalen und sozialen Verhaltensproblemen hin.[17]

1.3 Emotionale Intelligenz als gesundheitsrelevanter Faktor

Emotionale Intelligenz ist also ein Indikator dafür, wie Menschen handeln. Es geht dabei um Selbstwahrnehmung, Bestimmtheit und Selbstachtung, was ausschlaggebende Faktoren für die Gesundheit sind. Menschen mit einem höheren EQ-Wert scheinen somit fähiger und effektiver zu sein und weisen weniger Verhaltensprobleme auf.

Laut einer Studie von Ian Deary aus dem Jahr 2009 zeigen intelligentere Personen ein gesundheitsförderndes Verhalten. Sie trinken weniger Alkohol, rauchen weniger, sie machen mehr Sport und ernähren sich allgemein gesünder. Zudem leiden sie weniger unter chronischen Krankheiten und versterben seltener an solchen. Intelligente Menschen leben somit länger aufgrund der positiven Effekte der gesünderen und weniger risikoreichen Lebenseinstellung.[18] Negative Gedanken und Gefühle haben dabei Einfluss auf unser Wohlbefinden.

---

[15] Maltby, zitiert nach Becker, S. 114
[16] Gölzner & Meyer (2018), S. 160
[17] Bar-On (2005), S. 4-5
[18] Vgl. Stern & Neubauer (2013), S. 18-20

Besonders wichtig sind die Gefühle, die durch Interaktion mit unseren Mitmenschen oder im Umgang mit uns selbst entstehen. Menschen bleiben gesund, wenn sie einen Sinn im Leben erkennen, Zusammenhänge wahrnehmen sowie das Vertrauen haben, Schwierigkeiten aus eigener Kraft heraus meistern zu können. Emotionale Intelligenz ist somit gesundheitsfördernd. Die emotionale Intelligenz eines Menschen hängt davon ab, inwieweit Selbst- und Interaktionsmanagement gelingen.[19]

2 Soziale Unterstützung

In Unterkapitel **2.1** wird zunächst der Begriff der sozialen Unterstützung erläutert. In **2.2** wird der Zusammenhang zwischen sozialer Unterstützung und Gesundheit erklärt und darauf eingegangen, inwieweit eine stabile Partnerschaft bei der Bewältigung einer chronischen Krankheit helfen kann. Abschließend wird in **2.3** darauf eingegangen, inwiefern sich soziale Unterstützung als Persönlichkeitsmerkmal beschreiben lässt.

2.1 Begriff der Sozialen Unterstützung

Soziale Unterstützung ist die Wahrnehmung, dass andere unsere Bedürfnisse erkennen und darauf reagieren. Die Unterstützung anderer Menschen hilft dabei Probleme leichter zu bewältigen.[20] Soziale Unterstützung beinhaltet eine soziale Interaktion zwischen Unterstützer und Unterstütztem. Das gemeinsame Ziel dabei ist die Veränderung eines Problemzustands oder das Ertragen einer bestimmten Situation. Auch das alleinige Wissen einer Person darüber, dass sie von anderen umsorgt, geschätzt und geliebt wird, ist Teil von sozialer Unterstützung.[21] Im psychologischen Sinne äußert sich soziale Unterstützung in Form von Bindung (Nähe, Geborgenheit, Vertrauen), Selbstwertunterstützung (Selbstwertaufbau und -verstärkung), Kontakt (Geselligkeit, Interaktion, Zugehörigkeit in Netzwerken), emotionaler Unterstützung (Aussprache, Ventilation, Aufmunterung) und kognitiver Unterstützung (Klärung, Orientierung, Problemlösung). Aber auch Information, Ratschläge, finanzielle Hilfen, Sachleistungen,

---

[19] Vgl. Schlegtendal (2020), S. 3-4
[20] Vgl. Aronson, Wilson & Akert (2008), S. 505
[21] Vgl. Niemann (2019), S. 56

praktische Hilfen oder Interventionen können Formen sozialer Unterstützung sein.[22]

2.2 Empirischer Zusammenhang zwischen sozialer Unterstützung und Gesundheit

Soziale Unterstützung während dem Verlauf einer Krankheit kann dazu beitragen, diese besser zu bewältigen. Betroffene sind häufig einer enormen Stresssituation ausgesetzt. Wenn aber die Möglichkeit besteht über seine Probleme und Ängste zu sprechen, kann dies dazu führen, dass sich die seelische Verfassung verbessert und Ängste sich abbauen. Dies kann wiederum zu einer höheren Lebenserwartung der Betroffenen führen. Eine alleinige Bewältigung solcher Probleme kann sich dagegen negativ auf die Gesundheit auswirken. Zudem gibt es einen Unterschied zwischen empfangener und geleisteter sozialer Unterstützung. Auch Menschen, die anderen Unterstützung leisten, können dadurch eine positive Wirkung auf die Gesundheit wahrnehmen.[23] Individuelles Wohlbefinden entsteht durch kontinuierliche Wechselwirkung zwischen dem sozialen Umfeld und unseren Gedanken und Gefühlen. Die soziale Umwelt hat somit einen positiven Einfluss darauf, wie mit chronischen Krankheiten umgegangen wird. Verstärkte Anerkennung oder Ermunterung, aber auch kommunikative oder praktische Hilfestellung bei der Problembewältigung, spielen dabei eine Rolle.

Bei der sozialen Unterstützung geht es also vor allem darum, positive gesundheitsförderliche soziale Beziehungen zu pflegen.[24] Soziale Beziehungen spielen eine wichtige Rolle für die emotionale Unterstützung.[25] Vor allem eine stabile Partnerschaft kann ein wichtiger Faktor bei der Bewältigung einer chronischen Krankheit sein. Solche Beziehungen zeichnen sich durch hohes gegenseitiges Vertrauen und Intimität aus. Die Unterstützung steht somit, aufgrund der Häufigkeit und der Intensität des Kontakts, jederzeit zur Verfügung. Eine enge Bindung innerhalb der Partnerschaft zeichnet sich durch eine hohe Interaktionshäufigkeit, eine stark ausgeprägte gegenseitige Wertschätzung für einander, große emotionale Nähe und einer gesteigerten normativen Erwartungshaltung

---

[22] Laireiter, zitiert nach Niemann (2019), S. 57
[23] Vgl. Aronson, Wilson & Akert (2008), S. 505
[24] Vgl. Badura (1988), S. 79-85
[25] Vgl. Suter & Meyer (1997), S. 204-215

aus. Dies sind wichtige Faktoren für eine gute und positive Unterstützungsleistung. Der Partner spielt eine immense Rolle bei sozialer Unterstützung und eine stabile Partnerschaft ist somit für die Gesundheit ein relevanter Faktor. Lebenspartner verbringen viel Zeit miteinander und fühlen, aufgrund der Intimität und Nähe, emotionale Geborgenheit zueinander, was eine soziale Unterstützung erleichtert.[26]

2.3 Soziale Unterstützung als Persönlichkeitsmerkmal

Das Ziel sozialer Unterstützung ist eine positive gesundheitsfördernde Seite sozialer Beziehungen. Dies beinhaltet auch die Eigenschaften zwischenmenschlicher Prozesse und kommunikativer Vorgänge. Die Deutung und Bewertung jedes einzelnen spielt dabei eine wichtige Rolle und hat einen Einfluss auf eine kognitive, emotionale und praktische Lebensbewältigung.[27] Menschen zeigen ihre Persönlichkeit in ihrem Verhalten und Erleben. Persönlichkeitseigenschaften spiegeln sich im allgemeinen Verhaltensstil, in emotionalen Reaktionen, im sozialen Verhalten und im Verhalten in Problemsituationen wieder[28], was bei sozialer Unterstützung eine Rolle spielt, da jedes Individuum unterschiedlich mit bestimmten Situationen umgeht bzw. anders in diesen handelt. Soziale Unterstützung hängt mit den intrapersonellen Fähigkeiten jedes Einzelnen zusammen. Dabei wird die Interaktion zwischen Unterstützer und Empfänger durch Einschätzung, Erwartung, Reaktion, Mobilisierungsstrategien und Kommunikationsfähigkeit beeinflusst. Die wahrgenommene bzw. die erwartete soziale Unterstützung hängt somit wesentlich von personalen Ressourcen und Persönlichkeitsmerkmalen ab. Entscheidende Aspekte sind dabei Neurotizismus, Selbstwertgefühl und Selbstwirksamkeit, internale Kontrollüberzeugungen, Optimismus, Extraversion, Attributionsstile und soziale Kompetenzen. Soziale Unterstützung fällt bspw. selbstbewussten Menschen leichter. Empathie, die Fähigkeit und Bereitschaft zur Kooperation sowie emotionale Stabilität sind dennoch wichtige Faktoren, um soziale Beziehungen aufrecht zu erhalten. Vertrauen ist ebenfalls ein wichtiger Faktor und wirkt sich sowohl positiv als auch negativ auf die wahrgenommene Unterstützung aus. Persönlichkeitsmerkmale wie Ängstlichkeit, Depressivität, Introversion und Neurotizismus erschweren

---

[26] Vgl. Niemann (2019), S. 59-60
[27] Vgl. Badura (1988), S. 82
[28] Vgl. Becker (2014), S. 39-44

hingegen soziale Unterstützung, obwohl Menschen mit einem niedrigen Selbstwertgefühl ein höheres Bedürfnis nach sozialer Unterstützung aufweisen. Innerhalb des Unterstützungsprozesses spielt zudem die Kommunikation eine wichtige Rolle. Gute Kommunikationsfähigkeiten für einen unmissverständlichen Informationsaustausch sind dabei maßgeblich. Allerdings spielt es keine Rolle, ob die Kommunikation direkt, indirekt, verbal oder nonverbal erfolgt.[29]

Soziale Unterstützung ist ein intrapersonales Merkmal, das die subjektive Wahrnehmung und Bewertungsprozesse des Empfängers von sozialer Unterstützung beinhaltet. Soziale Unterstützung ist dabei das Ergebnis kognitiv-emotionaler Verarbeitung und Bewertung von erlebten sozialen Interaktionen.[30]

3 Persönlichkeitsmerkmal Ängstlichkeit

In Unterkapitel **3.1** wird darauf eingegangen, was unter Ängstlichkeit verstanden wird ehe in **3.2** erläutert wird, wie man diese messen kann. Abschließend wird im Unterkapitel **3.3** auf das Krankheitsbild der sogenannten Zwangsstörungen eingegangen und diese von der zwanghaften Persönlichkeitsstörung abgegrenzt.

3.1 Begriff der Ängstlichkeit

Ängstlichkeit ist ein emotionsbezogenes Persönlichkeitsmerkmal, das dadurch entsteht, wenn das Ich Gefahr läuft, bedrohliche Reize nicht standhalten zu können. Diese Reize können sowohl aus dem Inneren als auch aus der äußeren Umgebung stammen. Angst ist dabei ein innerpsychischer Konflikt, in dem das Ich mithilfe von Abwehrmechanismen wie Verdrängung, Projektion oder Reaktionsbildung dagegen ankämpft. Angst versetzt den menschlichen Organismus in einen affektiven gefühlsbetonten Zustand.[31] Angst äußert sich durch motorisch-expressivem Verhalten, subjektives Angsterleben oder physiologischen Reaktionen wie Erhöhung der Herzschlagrate oder Ausschüttung von

---

[29] Vgl. Niemann (2019), S. 79-83
[30] Vgl. Badura (1988), S. 85
[31] Vgl. Becker (2014), S. 119

Stresshormonen.[32] Nach dem Psychologen Sigmund Freud (1856 – 1939) unterscheidet man zwischen drei Arten von Angst:[33]

→ Realangst
→ neurotische Angst
→ moralische Angst

Die Realangst geht von einer äußeren Bedrohung aus und stellt eine reale Gefahr durch ein äußeres Objekt dar.[34] Realangst ist dabei die Reaktion auf eine wirkliche tatsächliche Bedrohung. Die neurotische Angst hingegen ist eine Triebgefahr. Diese kann dabei als Signal des Es verstanden werden. Im Gegensatz zur Realangst beschreibt die neurotische Angst die Angst vor einer Gefahr, die der Betroffene noch nicht kennt.[35] Dies äußert sich meist in Form einer Phobie. Moralische Angst entsteht, wenn Handlungen, Gedanken, Wünsche oder Wahrnehmungen im Widerspruch mit moralisch vorgegebenen Verboten stehen und der Betroffene gegen diese verstößt.[36] Diese Art der Angst bezieht sich dann auf die Angst vor einer Strafe und äußert sich in bspw. in Schuldgefühlen oder Gewissensbisse.[37]

3.2 Messen von Ängstlichkeit

Unter Messen wird die Bestimmung der Ausprägung einer Eigenschaft eines Messobjekts verstanden. Dies kann ein Gegenstand, ein Ereignis, eine Situation oder ein Beurteilungssachverhalt sein. Die Messung erfolgt durch eine Zuordnung von Zahlen zu dem entsprechenden Messobjekt. Diese Zahlen oder Messwerte drücken dabei empirische Sachverhalte aus.[38]

Auch zur globalen Messung von Angst, Ängstlichkeit und Angststörungen gibt es verschiedene Fragebögen und Ratingskalen. Das Trait-State-Modell von Charles Spielberger (1927 – 2013) misst Ängstlichkeit in Situationen, die den Selbstwert bedrohen. Dabei wird Ängstlichkeit als Bedrohung psychischer und nicht physischer Natur betrachtet. Spielberger unterteilt Angst in seinem Modell

---

[32] Salewski & Renner, zitiert nach Becker (2014), S. 119
[33] Rammsayer & Weber, zitiert nach Becker (2014), S. 119
[34] Vgl. Dorsch (2014), S. 1300
[35] Vgl. Körtner (1988), S. 109
[36] Vgl. Malsbender (1997), S. 19
[37] Vgl. Küchemann (2004), S. 5
[38] Vgl. Kubinger (1997), S. 183

in Zustand und Eigenschaft. Angst als Zustand beschreibt er als ein bewusst wahrnehmbarer Zustand, der einhergeht mit Anspannung, Nervosität, innerer Ruhe, Besorgtheit und erhöhter Aktivierung des autonomen Nervensystems. Angst als Eigenschaft beschreibt Spielberger als eine relativ stabile Neigung, Situationen als bedrohlich zu erkennen und zu bewerten. Dies wiederum führt zu einem Anstieg der Zustandsangst. Wenn die Angstdisposition passt und diese zu einer erhöhten Zustandsangst führt, so ist eine Person nach dem Trait-State-Modell hoch ängstlich.[39]

Die Endler Multidimensional Anxiety Scale, kurz EMAS, geht bei Ängstlichkeit als ein mehrdimensionales Konstrukt aus. Dabei wird in vier Situationstypen für ängstliches Verhalten unterteilt:

→ Soziale Bewertungssituation
→ Situationen, in denen physische Gefahr droht
→ Mehrdeutige Situationen
→ Alltägliche Situationen

Die negativen Auswirkungen von Ängstlichkeit hängen dabei von der Angstbewältigung ab.[40]

3.3   Zwangsstörung vs. zwanghafte Persönlichkeitsstörung

Wenn Angst auftritt, ohne dass eine reale Gefahr besteht oder die Angst sich unangemessen stark äußert, spricht man von einer Angststörung. Typische Merkmale für eine Angststörung sind hohe Intensität des Angstzustandes, Unangemessenheit und Beeinträchtigung bei der Bewältigung von Alltagssituationen. Neben dem Alltag treten für den Betroffenen auch Probleme im Berufsleben oder im Familienleben auf.

Angststörungen können in situationsbedingte Ängstlichkeit, Phobien und Ängste, die nicht durch Reize oder Situationen hervorgerufen werden, unterteilt werden. Darunter fallen auch die Zwangsstörungen. Diese äußern sich durch wiederholte, unangebrachte Gedanken, Impulse oder Verhaltensweisen wie z.B.

---

[39] Laux, zitiert nach Becker (2014), S. 119
[40] Laux, zitiert nach Becker (2014), S. 120

das zwanghafte Händewaschen.[41] Zwanghaftes Verhalten ist bei vielen Menschen zu beobachten. Dies äußert sich bereits in Eigenarten im alltäglichen Verhalten. Ein solches Verhalten tritt bei den Betroffen dabei immer wieder regelmäßig auf. Merkmale für zwanghaftes Verhalten sind statistische Seltenheit, Verletzen sozialer Normen, persönliches Leid, Beeinträchtigung der Lebensführung und unangemessenes Verhalten. Erst wenn mehrere dieser Merkmale vorliegen, kann man allerdings von einer psychischen Störung sprechen.[42] Einer Zwangsstörung liegt im Prinzip eine klassische Konditionierung zugrunde. Dabei wird ein eigentlich neutraler Reiz mit einem für den Betroffenen unangenehmen Erlebnis in Verbindung gebracht. So entwickelt sich unterbewusst Angst oder ein anderes negatives Gefühl, welches wieder hervorgerufen wird, wenn der Betroffene erneut in eine solche Situation gelangt.[43]

Auch eine zwanghafte Persönlichkeitsstörung ist von unangemessen Verhaltensmustern geprägt. Diese äußern sich in übermäßigen Zweifel und Vorsicht, ständiger Beschäftigung mit Details, Perfektionismus, übermäßige Gewissenhaftigkeit, übermäßige Pedanterie und Befolgung von Konventionen, Rigidität und Eigensinn, unbegründetes Bestehen auf Unterordnung anderer sowie Andrängen beharrlicher und unerwünschter Gedanken oder Impulsen. Meist entwickelt sich solch eine psychische Störung bereits im Kindesalter aufgrund von Erlebnissen und Ereignissen.[44] Grundlegend ist die zwanghafte Persönlichkeitsstörung geprägt von Pessimismus. Betroffene versuchen zwanghaft ihre Verunsicherung zu kompensieren und stehen somit unter permanenter Anstrengung. Häufig leiden Betroffene auch unter Depressionen, da die pessimistische Grundhaltung immer zu gravierenden Konsequenzen für die eigene Lebenshaltung führt.[45] Im Gegensatz zu einer Zwangsstörung, bei der die psychische Störung meist später auftritt, sind die Symptome einer zwanghaften Persönlichkeitsstörung tiefgreifender und bestehen oft schon seit der Kindheit oder Jugend. Betroffene mit einer Persönlichkeitsstörung sehen ihr Verhalten zudem nicht als gestört an. Bei einer Zwangsstörung drängen sich den Betroffenen bestimmte Gedanken und Handlungen auf, dass sie bestimmte Dinge, wie z.B.

---

[41] Vgl. Sartory (2014), S. 150
[42] Vgl. Nock (2008), S. 15-16
[43] Vgl. Althaus, Niedermeier & Niescken (2008), S. 92
[44] Vgl. Herwig (2011), S. 2-3
[45] Vgl. Hoffmann & Hofmann (2010), S. 5-7

das Hände waschen, tun müssen. Dies ist bei einer zwanghaften Persönlichkeitsstörung nicht der Fall.

Literaturverzeichnis

Althaus, D., Niedermeier, N., Niescken, S. (2008). Zwangsstörungen: wenn die Sucht nach Sicherheit zur Krankheit wird. München: C.H. Beck.

Aronson, E., Wilson, T.D., Akert, R.M. (2008). Sozialpsychologie. (6. Aufl.). München: Pearson Studium.

Badura, B. (1988). Soziale Unterstützung und gemeindenahe Versorgung. In Technische Universität Berlin, Institut für Soziologie (Hrsg.), Sozial- und Präventivmedizin. Berlin.

Bar-On, R. (1997). Bar-On Emotional Quotient Inventory: User's manual. Toronto, ON: Multi-Health Systems.

Becker, B. (2014). Grundlagen der differentiellen und Persönlichkeitspsychologie (1. Aufl.). Studienbrief der SRH Fernhochschule, Riedlingen.

Bünting, K.-D. (1996). Deutsches Wörterbuch. Chur/Schweiz: Isis Verlag AG.

Realangst. (2014). In M. A. Wirtz (Hrsg.), Dorsch – Lexikon der Psychologie (18. Aufl., S. 1300). Bern: Verlag Hogrefe Verlag.

Funke, J., Vatterrodt, B. (2009). Was ist Intelligenz? (3. Aufl.). München: Verlag C.H. Beck.

Gölzner, H., Meyer, P. (2018). Emotionale Intelligenz in Organisationen: Der Schlüssel zum Wissenstransfer von angewandter Forschung in die praktische Umsetzung. Salzburg: Springer Verlag.

Herwig, A. (2011). Zwanghafte Persönlichkeitsstörung und Zwangsstörung: Zu den Gemeinsamkeiten und Unterschieden beider Störungen. Norderstedt: GRIN Verlag.

Hoffmann, N., Hofmann, B. (2010). Zwanghafte Persönlichkeitsstörung und Zwangserkrankungen: Therapie und Selbsthilfe. Berlin: Springer.

Klauer, T. (2014). Stress-Puffer-Modell. In M. A. Wirtz (Hrsg.), Dorsch – Lexikon der Psychologie (18. Aufl., S. 1502). Bern: Verlag Hogrefe Verlag.

Kubinger, K.D. (1997). Messen in der Psychotherapie. In M. Hautzinger, P.L. Janssen (Hrsg.), Psychotherapeut (S. 183 – 191). Wien: Springer Verlag.

Körtner, U.H.J. (1988). Weltangst und Weltende: eine theologische Interpretation der Apokalyptik. Göttingen: Vandenhoeck und Ruprecht.

Küchemann, K. (2004). Phobien und Panikstörungen. Ursachen und Therapiemöglichkeiten (1. Aufl.). Norderstedt: GRIN Verlag.

Malsbender, M. (1997). Schuldgefühle - Ein Kontrollmechanismus in zwischenmenschlichen Beziehungen (1. Aufl.). Norderstedt: GRIN Verlag.

Nock, L. (2008). Das Krankheitsbild der Zwangsstörung aus Sicht der klinischen Sozialarbeit. In Fakultät für Sozial- und Verhaltenswissenschaften an der SRH Fernhochschule Heidelberg (Hrsg.), Soziale Arbeit. Schriften der Fakultät für Sozial- und Verhaltenswissenschaften an der SRH Fernhochschule Heidelberg (Band 2). Berlin: Logos Verlag.

Sartory, G. (2014). Angststörungen. In M. A. Wirtz (Hrsg.), Dorsch – Lexikon der Psychologie (18. Aufl., S. 150). Bern: Verlag Hogrefe Verlag.

Stern, E., Neubauer, A. (2013). Intelligenz - Große Unterschiede und ihre Folgen. Deutsche Verlags-Anstalt.

Suter, C., Meyer, P.C. (1997). Soziale Unterstützung, soziale Belastungen und Gesundheit bei leicht hilfebedürftigen Betagten. Basel: Birkhäuser Verlag.

Internetquellen

Bar-On, R. (2005). The Bar-On model of emotional-social intelligence. In P. Fernández-Berrocal and N. Extremera (Hrsg.), Special Issue on Emotional Intelligence. https://www.researchgate.net/publication/6509274_The_Bar-On_Model_of_Emotional-Social_Intelligence, abgerufen am 08.05.2020.

Fischer, M. (2020). Psychologie-Wissen Kompakt. Intelligenz. Emotionale Intelligenz, https://psychowissen.jimdofree.com/soziale-kompetenz/intelligenz/emotionale-intelligenz/, abgerufen am 27.04.2020.

Niemann, D. (2019). Die Rolle des Partners und der Partnerin bei der Bewältigung arbeitsbedingter Belastungen. Gesundheitspsychologie. Wiesbaden:
Springer Fachmedien, https://doi.org/10.1007/978-3-658-24906-9_3, abgerufen
am 06.05.2020.

Schlegtendal, J. (2020). Emotionale Intelligenz und Gesundheit – glücklich und
gesund trotz Arbeit, https://www.sensit-info.de/vortraege/emotionale-intelligenz-
und-
gesund-
heit.html?file=files/content/downloads/Emotionale_Intelligenz_und_Gesundheit.
pdf&cid=1570, abgerufen am 22.05.2020.

BEI GRIN MACHT SICH IHR WISSEN BEZAHLT

- Wir veröffentlichen Ihre Hausarbeit,
  Bachelor- und Masterarbeit

- Ihr eigenes eBook und Buch -
  weltweit in allen wichtigen Shops

- Verdienen Sie an jedem Verkauf

Jetzt bei www.GRIN.com hochladen
und kostenlos publizieren